AF247172

L'ESPAGNE ET LA FRANCE.

DU MARIAGE

D'ISABELLE II

REINE D'ESPAGNE.

Imprimerie de Ducessois, 55, quai des Augustins.

L'ESPAGNE ET LA FRANCE.

DU MARIAGE

D'ISABELLE II

REINE D'ESPAGNE.

PARIS

LIBRAIRIE D'AMYOT, ÉDITEUR,

RUE DE LA PAIX, 6.

Juin 1843

DU MARIAGE

D'ISABELLE II

La nature, l'histoire et les traités ont fait à l'Espagne et à la France des intérêts communs sur
beaucoup de points. Aussi n'y a-t-il pas de politique qui puisse être bonne pour l'un des deux pays,
sans l'être également pour l'autre. L'avénement de
la Maison de Bourbon au trône d'Espagne fut une
satisfaction donnée aux intérêts de l'Espagne tout
autant qu'à ceux de la France. Car si cet avénement
ne rendait pas impossible toute hostilité entre les
deux couronnes, au moins empêchait-il entre elles
une hostilité systématique et suivie. L'enthousiasme
avec lequel la nation espagnole accueillit le petit-
fils de Louis XIV, les prodiges de dévouement
qu'elle fit pour sa cause forment un des beaux spec-
tacles de l'histoire moderne. Cette nation, dans

tous les temps ombrageuse et héroïque gardienne de son indépendance, aurait-elle ainsi combattu pour une politique qui n'eût été que le triomphe de l'étranger? Les Bourbons régnant à Madrid et à Paris créent entre les deux peuples des liens qu'ils ne pourraient laisser se relâcher sans nuire respectivement à leur force, à leur sécurité, à leur bonheur.

Lorsque, après les événements de 1814, la Maison de Bourbon eut été replacée sur le trône de France et sur celui d'Espagne, cette double restauration fut pour les deux nations une grande et féconde compensation de leurs calamités et de leurs pertes récentes. L'Espagne, retrouvant sa sécurité du côté des Pyrénées, était garantie contre tout ce qui aurait pu ressembler au retour de la criminelle invasion de Napoléon. La France se trouvait non moins assurée sur sa frontière du midi. Toutes deux pouvaient espérer pour les dangers de l'avenir le renouvellement de cette alliance, de cette bonne amitié qui avait été, depuis cent ans, la base de la politique des deux monarchies. Il était difficile, il est vrai, que cette alliance pût revivre avec la même force et la même portée. Le célèbre traité connu sous le nom de *Pacte de famille*, avait établi entre les deux couronnes une complète solidarité, ou pour mieux dire, une véritable fraternité[1]. Cependant

----

[1] Nous croyons nécessaire de donner une brève analyse de ce traité dont on cite si souvent le nom, mais dont on néglige tou-

les puissances du continent, qui trouvaient une garantie dans le rétablissement de la Maison de Bourbon, et qui, dans leur intérêt même, devaient vouloir que cette maison recouvrât une partie de sa

jours de rappeler les stipulations. On verra, après avoir lu cette analyse, combien le simple fait de l'abrogation du *Pacte de famille*, obtenue par l'Angleterre, a diminué la puissance de la France et de l'Espagne. Le traité est du 15 août 1761. Il ne s'était pas encore écoulé une année depuis que Charles III avait quitté le trône de Naples pour monter sur celui d'Espagne. La conclusion de ce traité fut l'inauguration de cette sage et habile politique qui devait rendre son règne si fécond et si glorieux pour l'Espagne.

L'article 1er est ainsi conçu : Le Roi très-chrétien et le Roi catholique déclarent qu'en vertu de leurs intimes liaisons de parenté et d'amitié, et par l'union qu'ils contractent par le présent traité, ils regarderont à l'avenir comme leur ennemie toute puissance qui le deviendra de l'une ou de l'autre des deux Couronnes.

Par l'article 2, les deux Rois contractants se garantissent réciproquement toutes leurs possessions quelles qu'elles soient.

Par l'article 3, ils accordent la même garantie au Roi des Deux-Siciles et à l'Infant Duc de Parme, pour tous leurs états.

Les articles 4, 5, 6, 7 et 8 déterminent les secours en forces de terre et de mer que la Puissance requise devra fournir à l'autre dans le délai de trois mois.

Les art. 9, 10, 11, 12, 14 et 15, règlent le mode d'emploi de ces secours.

L'article 16 établit que les secours stipulés seront ce que la Puissance requise pourra faire de moins pour la Puissance qui en aura besoin. Mais toute guerre commencée pour ou contre l'une des deux Couronnes, devant devenir personnelle à l'autre, il est convenu que dès que les deux Rois se trouveront en guerre déclarée contre le même ou les mêmes ennemis, l'obligation desdits secours cessera, et à la place succédera, pour les deux Cou-

force et de son prestige, n'auraient point assurément songé à demander l'abrogation du *Pacte de
famille;* seulement l'Espagne et la France auraient été
portées d'elles-mêmes à y faire les modifications que
le temps, l'expérience et les intérêts bien entendus
des deux nations pouvaient conseiller. Mais l'An-

ronnes, l'obligation de faire la guerre conjointement, en y em-
ployant toutes leurs forces.

Par l'article 17, les deux Rois s'engagent à ne traiter avec leurs
ennemis que d'un accord et consentement mutuel et commun.

Par l'article 18, il est convenu que, pour les conditions de la
paix, les deux Puissances compenseront les avantages qu'une des
deux pourrait avoir eus, avec les pertes que l'autre aurait pu
faire, de manière que sur les conditions de la paix ainsi que sur
les opérations de la guerre, les deux Monarchies de France et
d'Espagne seront regardées et agiront comme si elles ne for-
maient qu'une seule et même Puissance.

Par l'article 19, le Roi catholique stipule pour le Roi des Deux-
Siciles, son fils, et s'oblige à lui faire ratifier le traité.

L'article 20 assure la protection des trois Couronnes à tout
prince issu de l'une des trois Maisons Royales.

Art. 21. Nulle autre Puissance que celle qui serait de la Maison de Bourbon ne pourrait être admise au traité.

Les articles 22, 23, 24, 25 et 26 stipulent certains avantages
réciproques pour les sujets des Rois d'Espagne et de France. Ils
seront traités relativement au commerce et aux impositions dans
chacun des deux royaumes en Europe, comme les propres sujets
du pays, de sorte que le pavillon espagnol sera traité en France
comme le pavillon français, et de même le pavillon français en
Espagne. Ils paieront pour leurs marchandises les mêmes droits
que les nationaux.

Les articles 27 et 28 sont relatifs au règlement des préséances
et aux ratifications.

gleterre avait un intérêt direct et majeur à cette abrogation. C'était en vertu du *Pacte de famille* que la France et l'Espagne avaient agi avec un si parfait et si heureux accord dans la guerre pour l'indépendance des États-Unis. Napoléon lui-même, en montant sur le trône, avait eu la prétention d'être considéré par la couronne d'Espagne, comme étant aux lieu et place de l'ancienne maison de France, et investi de ses prérogatives de parenté ; et il avait invoqué les stipulations du *Pacte de famille* pour former l'alliance offensive et défensive qui subsista entre la France et l'Espagne , jusqu'à l'invasion de 1808.

Il avait été établi par l'article 32 du traité de Paris, du 30 mai 1814, que « toutes les Puissances « qui avaient été engagées dans la dernière guerre « enverraient, dans le délai de deux mois, des « plénipotentiaires à Vienne pour régler, dans un « congrès général , les arrangements complémen- « taires de ce traité. » Les rapports réciproques des couronnes de France et d'Espagne pouvaient être compris dans ces arrangements ; et, dans ce cas, elles avaient lieu d'espérer, pour leurs intérêts et les prétentions qu'elles auraient à faire valoir, un appui parmi les puissances présentes au congrès. L'Angleterre se hâta de prendre les devants ; usant de l'influence que les événements de la guerre de la Péninsule lui assuraient à Madrid, elle y signait, le 5 juillet 1814, par l'entremise de son ambassadeur, sir Henry Wellesley [1], un traité avec l'Espagne, auquel était joint un article secret ainsi conçu : « S. M. C. s'engage à n'entrer dans aucun traité ou engagement avec la France de la nature de celui qui est connu sous le nom de *Pacte de famille*, ni dans aucun autre qui puisse affecter l'indépendance de l'Espagne, être dommageable aux intérêts de S. M. B., ou contrarier l'étroite alliance stipulée par ce traité d'amitié et d'alliance, signé le 5 juillet. »

On ne rappelle point ces faits pour récriminer contre la politique de l'Angleterre. Il importe seulement de constater que l'abrogation du *Pacte de famille*, résultant virtuellement de cet article, car elle n'est point formelle, est un acte particulier à cette puissance, auquel les autres puissances européennes restèrent étrangères de fait comme d'intention. On est autorisé à croire que la demande de cette abrogation n'aurait pas eu lieu de la part des puissances continentales réunies au congrès de Vienne, et que si elle avait été formée, la France et l'Espagne, en faisant valoir la justice de leurs droits et les services que l'Espagne venait de rendre à l'Europe, auraient eu pour s'y opposer l'appui de l'Empereur Alexandre. Les événements en décidèrent autrement. Aujourd'hui cette abrogation n'est pas seulement consommée, elle est sanctionnée par le temps ; et il ne

---

[1] Aujourd'hui Lord Cowley, ambassadeur de S. M. B. à Paris.

saurait être question de revenir d'une façon quelconque sur ce point. Mais, cela étant concédé, tous les autres avantages qui résultent pour l'Espagne et pour la France de l'établissement d'une même race royale sur les deux trônes, doivent être intégralement conservés et défendus. Aucune des deux nations ne pourrait y renoncer sans se trahir elle-même.

Pour ce qui regarde particulièrement la France, il faut partir de ce point que, par une conséquence de ses erreurs et de ses revers, la reconstitution de l'Europe opérée au congrès de Vienne a tourné à son détriment. La Maison de Bourbon, en remontant sur le trône, lui apportait un dédommagement, car elle renouait ses anciens liens avec l'Espagne par la communauté des deux races royales ; elle rétablissait en partie l'ouvrage de Louis XIV. Les puissances contractantes au congrès de Vienne firent plus que se résigner à ce dédommagement ; elles y prêtèrent les mains ; elles lui donnèrent une nouvelle portée en rétablissant, à la sollicitation des Cours de Paris et de Madrid, la branche des Bourbons de Naples sur son trône. Aujourd'hui la France ferait moins pour elle-même que n'ont fait ces puissances, en souffrant que le trône d'Espagne sortît, par une alliance matrimoniale, de la Maison de Bourbon ; elle aggraverait encore les traités de 1815, déjà si pesants pour elle.

C'est à la Reine Isabelle, d'accord avec la nation

légitimement représentée par ses Cortès, qu'il appartiendra, quand le moment sera venu, de se choisir un époux. On peut être assuré que, laissées maîtresses d'elles-mêmes, la Reine et les Cortès reconnaîtront sans hésiter que le grand intérêt du pays et du trône leur fait une loi de ne choisir cet époux que dans une des branches de la Maison de Bourbon. Mais il est permis d'examiner comment ce choix pourrait être fait pour le plus grand avantage de l'Espagne, ce qui, pour nous, veut également dire le plus grand avantage de la France.

Nous nous garderons de manquer aux plus hautes convenances, en soumettant à notre examen la personne de ceux des princes de cette race royale, qui pourraient prétendre à devenir l'objet du choix de la Reine d'Espagne. Nous ne les examinerons en quelque sorte que d'une manière abstraite, non dans leur individualité propre, mais dans leur situation et leurs intérêts, et dans ce que ces intérêts et cette situation permettent de conclure avec certitude, touchant leurs sentiments et leurs idées.

D'abord se présente à l'esprit l'idée d'un mariage entre la Reine Isabelle et un des fils de l'Infant Don Carlos. L'idée de ce mariage, qui aurait pour résultat d'opérer la fusion des deux partis dont la lutte a désolé l'Espagne pendant plusieurs années, a été souvent mise en avant et caressée avec complaisance par des personnes qui méritent plus d'éloges pour leurs intentions que pour leur discernement. En premier lieu, cette alliance serait aujourd'hui sans raison. Qu'on ait pu y songer, avant que la lutte entre les deux partis éclatât et dans le but de la prévenir, et plus tard tant que l'issue en a paru incertaine, cela se conçoit; mais aujourd'hui que cette lutte est terminée depuis longtemps déjà par le triomphe de l'autorité de la Reine, que le parti de Don Carlos a succombé encore moins sous ses revers que sous ses propres dissensions et les lourdes fautes de ce prince, et qu'il se dissout chaque jour davantage par l'effet du temps, le projet de cette alliance qui ne s'expliquait que par le besoin d'une transaction destinée à arrêter l'effusion du sang, est un non-sens et un anachronisme. Veut-on considérer quels en seraient les résultats? Elle irait directement contre le but qu'on se propose, car elle commencerait par semer le trouble et la discorde dans le palais des rois d'Espagne, pour rallumer bientôt la guerre civile dans le pays, en mettant aux prises l'esprit de modération et d'amélioration qui doit animer les conseils de la jeune reine, avec l'emportement et l'entêtement aveugle qui ont inspiré toute la conduite du prétendant, qui forment toute la politique de ceux des hommes de son parti sous l'influence desquels il n'a cessé d'agir et qui ont été les enseignements et les exemples donnés à ses fils. Quel avenir pour le trône et pour l'Espagne ! Nous ne faisons qu'indi-

quer les impossibilités de cette union ; si nous vou-
lions les développer, les arguments se présenteraient
en foule ; mais ces arguments sont si nombreux et
ont une telle force, qu'il est impossible que l'idée
d'une union entre la Reine Isabelle et le fils de don
Carlos ait pu se conserver dans la tête d'aucun
homme d'État ; et l'instinct national de l'Espagne
a été le premier à la repousser. Nous croyons donc
inutile d'insister ?

Des raisons d'un sens inverse en politique, mais
d'une valeur non moins grande, s'opposeraient à un
mariage avec un fils de l'Infant Don Francisco de
Paula. Nous voulons éviter les personnalités avec
d'autant plus de soin, qu'il s'agit de personnes de
sang royal. Mais toute l'Europe a connu l'ambition,
disons le mot, l'esprit d'intrigue de l'épouse de l'Infant. Cet esprit d'intrigue avait rendu sa présence
en Espagne impossible dès le temps de la régence de
la Reine Christine. On peut prévoir jusqu'où il serait
poussé sous le règne d'une princesse aussi jeune que
la Reine Isabelle, et alors que le trône serait partagé
par un fils de l'Infante soumis naturellement à toutes
les suggestions d'une mère avide de dominer à tout
prix. Les intelligences établies par l'Infante, au nom
de son époux, avec les ennemis de leur maison qui
ont usurpé l'autorité royale en Espagne, les avances
insensées, les soumissions humiliantes par lesquelles
elle a essayé de gagner la bienveillance du plus dan-

gereux de ces ennemis , ont achevé de montrer la funeste atteinte qu'un mariage semblable porterait à la dignité du trône et à l'honneur national. Et d'ailleurs, quelle garantie offrirait à la nation l'éducation reçue par les fils de l'Infant Don Francisco : sans doute les rois ne doivent plus vouloir régner aujourd'hui comme autrefois ; mais jamais il ne fut plus nécessaire que d'avance ils aient appris à régner. Ce n'est pas trop de la double influence d'une solide instruction et des bons exemples et des leçons paternelles pour les mettre au niveau de leur tâche ; il leur faut de bonne heure apprendre à connaître et à pratiquer les hommes et les choses, afin d'être animé de cet esprit tout à la fois de fermeté et de haute sagesse si nécessaire au souverain, surtout dans un pays depuis longtemps agité par les révolutions ; et, pour tout dire en un mot, il faut que le futur époux de la Reine Isabelle soit reconnu capable d'exercer cet art si difficile de la conciliation et du rapprochement entre les partis , qui est aujourd'hui le premier besoin de l'Espagne. Or , ces conditions manqueraient aux fils de l'Infant Don Francisco ; et le déplorable exemple de leur père donnant le spectacle d'un Infant d'Espagne recherchant un siége aux Cortès, non pour rendre par l'éclat du talent et du mérite hommage à cette assemblée, mais pour y jouer le plus triste des rôles, suffirait pour faire présumer leur incapacité.

C'est par d'autres motifs que le choix du fils de l'Infant d'Espagne, Duc de Lucques, ne conviendrait pas à l'Espagne. Loin de nous la pensée d'altérer le respect dû au prince régnant. Mais sa souveraineté est basée sur les principes les plus purs du pouvoir absolu; elle s'exerce conformément à ces principes, et c'est dans toute leur rigueur que son héritier a été élevé et instruit. La Reine Isabelle et les Cortès, en le choisissant pour partager le trône d'Espagne, auraient-elles le don de détruire tous les préjugés de sa naissance et de son éducation pour lui faire prendre les idées et les sentiments, pour lui faire acquérir les connaissances indispensables aujourd'hui pour gouverner l'Espagne? Et ne serait-ce pas plutôt la nation qui devrait craindre que l'époux de la Reine ne donnât au gouvernement une direction contraire aux idées et aux sentiments nationaux?

Dans les trois suppositions que nous venons d'examiner, l'intérêt monarchique est mis en péril par l'insuffisance, par le défaut d'aptitude du prince appelé au partage de la couronne; l'intérêt national n'est pas moins menacé par l'opposition de ses penchants et de ses idées à ceux du pays. A l'examen, ces trois suppositions se condamnent donc d'elles-mêmes[1].

[1] Il est sans doute inutile de donner les raisons qui excluent M. le Duc de Bordeaux. Un choix qui serait un acte d'hostilité ouverte contre la France, et qui gratuitement, tendrait à amener

Resteraient pour l'Espagne deux choix que la raison et la politique avouent, savoir : le choix d'un prince de la Maison de Naples, ou celui d'un fils du Roi des Français. Ce serait, nous le disons encore, à la Reine Isabelle et aux Cortès à examiner de quel côté les intérêts essentiels de la patrie, dans le présent et dans l'avenir, doivent les faire pencher et à prononcer en conséquence.

Mais en songeant à un prince français, une question préjudicielle se présente, c'est celle de l'opposition que ce choix pourrait rencontrer de la part d'une puissance étrangère, et il convient de résoudre cette question de façon à ce qu'elle ne soit plus l'objet d'aucune incertitude.

Quand on parle de l'opposition qu'une puissance pourrait faire au mariage de la Reine d'Espagne avec un prince français, il n'est pas besoin de dire que c'est de l'Angleterre qu'il s'agit. La presse anglaise ne laisse pas échapper une occasion de combattre l'idée d'une semblable union. Mais les préjugés et les passions de la presse ne sauraient être la règle d'un gouvernement dirigé par des hommes aussi éclairés que les ministres actuels de la Reine Victoria. Sur quoi s'appuierait le gouvernement anglais pour former obstacle à une alliance matrimoniale entre la Reine d'Espagne et un fils du Roi des

une perturbation générale en Europe, est une hypothèse que la loyauté espagnole rend inadmissible.

2

Français ? Assurément ce ne pourrait être sur le danger que cette alliance ferait naître pour l'Angleterre.
Car elle ne créerait aucun état de choses nouveau
en Europe; elle ne ferait que compléter, en le re-
nouvelant, un résultat obtenu en commun, il y a déjà
près d'un siècle et demi, par la politique de la
France et de l'Espagne et consacré par l'assentiment
de l'Europe entière. Depuis Philippe V, c'est la race
des Bourbons qui règne sur l'Espagne; la Reine Isabelle en s'unissant à un fils du Roi Louis-Philippe
n'opérerait aucun changement à cet égard. L'Europe
en général et l'Angleterre en particulier ne voyaient
aucun inconvénient pour l'équilibre général, aucun
danger pour leur sécurité dans la présence des petits-
fils de Louis XIV sur le trône d'Espagne ; elles ne
sauraient pas plus voir d'inconvénients et de dangers dans l'appel que l'héritière de ce trône ferait
aujourd'hui à un prince français pour perpétuer
leur race commune.

L'Angleterre ne trouvant dans le présent aucun
motif d'opposition à l'union dont il s'agit, voudrait-
elle se fonder sur les traités qui ont reconnu les
droits de la Maison de Bourbon au trône d'Espagne ?
Nous ne demandons pas mieux que d'examiner ces
traités ; car leur examen nous donnera manifeste-
ment gain de cause. Aussi bien l'Angleterre consi-
dérait en 1814 que le *Pacte de famille*, malgré les
profonds changements survenus dans l'état respec-

tif de la France et de l'Espagne, avait encore toute
sa vigueur et liait les deux puissances. Il est évident
que tel était son sentiment ; car elle se hâtait de demander à l'Espagne l'abrogation de ce *pacte* ; et elle
se la faisait accorder. On n'abroge pas ce qui n'a
plus ni force ni vigueur. Voudrait-elle aujourd'hui
raisonner de même pour le traité d'Utrecht et dire
que les engagements de ce traité, n'ayant été ni ex-
plicitement ni implicitement abrogés, ont encore
toute leur force? Alors nous invoquerons nous-mêmes ce traité; et en rapportant brièvement son histoire et ses stipulations, en faisant ressortir l'esprit
dans lequel il fut conçu, le droit de l'Espagne et de
la France à unir leurs deux maisons royales par une
alliance matrimoniale, si telle est leur convenance,
deviendra clair à tous les yeux.

La guerre de la Succession à laquelle mit fin le
traité d'Utrecht, n'eut point pour cause détermi-
nante l'avénement de la Maison de Bourbon au
trône d'Espagne, en la personne de Philippe V. Ce
prince, accueilli avec enthousiasme par la nation
espagnole, avait pris possession du trône le 21 avril
1701. Son droit était si évident, pouvait si peu donner matière à contestation que l'Angleterre fut la
première à le reconnaître comme Roi d'Espagne [1].

---

[1] « Le ministère même, cédant à l'opinion du parlement, le re-
« connut, et Guillaume III lui écrivit une lettre de félicitation sur
« son avénement au trône.»(SCHOELL, *Hist. des Traités*, t. II, p. 21.)

La Hollande en fit autant dans les négociations ouvertes dans le courant de l'année à La Haye entre les envoyés des États généraux, lord Stanhope, ambassadeur d'Angleterre, et le comte d'Avaux, représentant du Roi de France. Il n'y avait été mis d'autre condition, sinon que les troupes françaises évacueraient les places fortes qu'elles occupaient dans les Pays-Bas [1].

Les dispositions de l'Angleterre et de la Hollande ne changèrent que par la crainte de voir un jour la couronne d'Espagne et celle de France réunies sur une même tête, et ces deux royaumes confondus ainsi en une seule monarchie qui aurait menacé la liberté de toute l'Europe. Cette réunion était contraire aux intentions du Roi Charles II formellement exprimées dans son testament du 20 octobre 1700, par lequel il avait désigné le Duc d'Anjou comme son héritier, et qui est ainsi conçu :

« Reconnaissant, après avoir pris l'avis de mes
« ministres, de mes conseillers et d'autres personnes,
« que les renonciations des Infantes Anne et Marie-
« Thérèse à leurs droits à la couronne d'Espagne,
« avaient pour unique raison d'éviter la *réunion des*

---

[1] *Négociations relatives à la Succession d'Espagne sous Louis XIV, ou correspondances, mémoires et actes diplomatiques concernant les prétentions et l'avénement de la Maison de Bourbon au trône d'Espagne,* par **M. Mignet.** Paris, 1835. t. 1ᵉʳ, page **LXXXV.**

« *couronnes d'Espagne et de France ;* reconnaissant
« que ce motif n'existant plus, le droit à la succes-
« sion appartient au plus proche parent, homme
« ou femme, conformément aux lois d'Espagne, et
« que, dans le cas présent, *si on veut éviter la réunion*
« *des deux couronnes,* (*si ha de evitarse la reunion*
« *de las dos coronas*), le plus proche parent est le
« second fils du Dauphin de France ; en confor -
« mité aux lois indiquées, je déclare, comme Sou-
« verain et Roi d'Espagne, que le Duc d'Anjou est
« mon successeur universel, au cas que je meure
« sans enfants, etc., etc. »

Mais Louis XIV, par ses lettres-patentes données
à Versailles le 9 décembre 1700, et enregistrées au
Parlement de Paris, le 1er février 1701, avait dérogé
à ces dispositions du testament de Charles II ; il re-
connaissait et conservait à Philippe V son rang, ses
droits, sa position dans la maison de France, et le
déclarait, lui et ses héritiers, successeurs légitimes
de la couronne, s'il arrivait que le Duc de Bourgo-
gne mourût sans enfants mâles, ou que ceux qu'il
aurait eus n'en laissassent pas après eux. Cette déclaration devait naturellement effrayer la Hollande
et l'Angleterre ; plusieurs actes de la politique de
Louis XIV vinrent augmenter et confirmer leurs
craintes. C'est alors qu'elles se décidèrent à s'unir à
l'Empereur Léopold I contre Louis XIV. Mais même
dans le traité dit de *La Grande Alliance,* qu'elles si-

gnèrent le 7 septembre 1701 à la Haye avec l'Empereur, elles s'abstinrent expressément de reconnaître ses prétentions à la couronne d'Espagne; elles
ne firent que lui en donner acte. Les droits de Philippe V, loin d'être contestés, y sont implicitement
reconnus, comme nous le prouverons tout à l'heure.
Le motif principal des trois puissances contractantes
est la crainte de voir les forces des monarchies de
France et d'Espagne réunies dans les mains de
Louis XIV. Le texte du traité en fait foi. Il est dit
dans le préambule :

« D'autant que le Roi d'Espagne Charles II, de
« glorieuse mémoire, étant mort sans enfants, Sa Sa-
« crée Majesté Impériale a assuré que la succession
« des royaumes et provinces du Roi défunt appar-
« tient légitimement à son auguste maison; et
« que le Roi Très-Chrétien, désirant avoir la même
« succession pour le Duc d'Anjou, son petit fils, et
« alléguant qu'elle lui vient de droit en vertu d'un
« certain testament du Roi défunt, il s'est d'abord
« mis en possession de tout l'héritage ou monar-
« chie d'Espagne pour le susdit Duc d'Anjou, et
« s'est emparé à main armée des provinces du
« Pays-Bas espagnol, et du duché de Milan, et qu'il
« tient une flotte dans le port de Cadix, toujours
« prête à faire voile, et qu'il a envoyé plusieurs vais-
« seaux de guerre aux Indes qui sont soumises à
« l'Espagne *et que par ce moyen et plusieurs autres, les*

« royaumes de *France* et *d'Espagne* sont si *étroitement*
« unis, *qu'il semble qu'ils ne doivent plus être regardés*
« à *l'avenir que comme un seul et même royaume*, telle-
« ment que si on n'y prend garde, il y a bien de
« l'apparence que Sa Majesté Impériale ne doit plus
« espérer d'avoir jamais aucune satisfaction de sa
« prétention ; que l'Empire Romain perdra tous ses
« droits sur les fiefs qui sont en Italie, et dans le
« Pays-Bas espagnol, de même que les Anglais et
« Hollandais perdront la liberté de leur navigation
« et de leur commerce dans la mer Méditerranée,
« aux Indes et ailleurs, et que les Provinces Unies
« seront privées de la sûreté qu'elles avaient par
« l'interposition entre elles et la France des pro-
« vinces du Pays-Bas espagnol, appelées commu-
« nément *la Barrière;* et qu'*enfin les Français et les*
« *Espagnols, étant ainsi unis, deviendraient en peu de*
« *temps si formidables qu'ils pourraient aisément sou-*
« *mettre toute l'Europe à leur obéissance et empire.* Or,
« comme cette conduite du Roi Très Chrétien a mis
« Sa Majesté Impériale dans la nécessité d'envoyer
« une armée en Italie, tant pour la conservation de
« ses droits particuliers, que pour celle des fiefs de
« l'Empire ; de même, le Roi de la Grande-Bretagne
« a jugé qu'il était nécessaire d'envoyer ses troupes
« auxiliaires aux Provinces-Unies, dont les affaires
« sont dans le même état, que si on en était déjà
« venu à une guerre ouverte, et les Seigneurs États

« Généraux dont les frontières sont presque de tou-
« tes parts ouvertes par la rupture *de la Barrière,*
« qui empêchait le voisinage des Français, sont
« contraints de faire, pour la sûreté et la conserva-
« tion de leur république, tout ce qu'ils auraient dû
« et pu faire, s'ils étaient effectivement attaqués par
« une guerre ouverte. Et comme un état si douteux
« et si incertain en toutes choses est plus dangereux
« que la guerre même, *et que la France et l'Espagne*
« *s'en prévalent pour s'unir de plus en plus afin d'oppri-*
« *mer la liberté de l'Europe, et ruiner le commerce ac-*
« *coutumé;* toutes ces raisons ont porté Sa Sacrée
« Majesté Impériale, Sa Sacrée Royale Majesté de la
« Grande-Bretagne, et les Hauts et Puissants sei-
« gneurs États Généraux des Provinces-Unies, d'al-
« ler au-devant de tous les maux qui en provien-
« draient, et désirant d'y apporter remède selon
« leurs forces, ils ont jugé qu'il était nécessaire de
« faire entre eux une étroite alliance et confédéra-
« ration pour éloigner le grand et commun dan-
« ger, etc., etc.

On voit qu'il n'y a pas, de la part des puissances
contractantes, négation du droit de Philippe V à la
couronne d'Espagne, que sa mise en possession de
cette couronne n'est pas même la cause de leur dé-
termination, mais bien la confusion qui tend à s'o-
pérer, selon elles, entre les deux monarchies de
France et d'Espagne.

Dans tout le corps du traité, aux articles II, III, V, VIII, il n'est question que de procurer à l'Empereur « une satisfaction juste et raisonnable, tou-« chant ses prétentions à la succession d'Espagne, » jamais de le mettre lui ou une personne de sa famille en possession de cette couronne.

L'article V mérite d'être particulièrement remarqué, en ce qu'il stipule que les alliés « feront, entre « autres choses, leurs plus grands efforts pour re-« prendre et conquérir les provinces du Pays-Bas es-« pagnol dans l'intention qu'elles servent de *barrière*, « ainsi que le duché de Milan avec toutes ses dépen-« dances, comme étant un fief de l'Empire, servant « pour la sûreté des provinces héréditaires de Sa « Majesté Impériale, et les royaumes de Naples et « de Sicile, et les îles de la mer Méditerranée, avec « les terres dépendantes de l'Espagne le long de la « côte de Toscane ; » de façon que les prétentions des alliés n'étaient autres alors que celles qui leur furent accordées douze ans plus tard à la pacification générale.

Enfin, en disant par l'article VIII « la paix ne « pourra être conclue sans avoir pris, auparavant, « de justes mesures, *pour empêcher que les royaumes* « *de France et d'Espagne soient jamais unis sous un même* « *empire, ou qu'un seul et même roi en devînt le souve-* « *rain* ; et spécialement que jamais les Français se « rendent maîtres des Indes espagnoles. » **Les alliés** admettaient dès lors eux-mêmes que Philippe V resterait en possession de la couronne d'Espagne; car, dans le cas où cette couronne n'aurait pas appartenu à un Bourbon, le danger de sa réunion à celle de France n'existant pas, n'aurait pas été à craindre, puisque la conquête de l'Espagne par la France ou de la France par l'Espagne était hors de prévision, hors de toutes les choses possibles; il n'y aurait donc pas eu de précautions à prendre pour prévenir cette réunion. Ce qui rendait ces précautions nécessaires, c'étaient les lettres-patentes de Louis XIV, par lesquelles il avait déclaré conserver à Philippe V ses droits à la couronne de France; et les termes mêmes de cet article du traité, montrent que c'est de cette déclaration que les alliés étaient préoccupés.

Il est vrai que les événements de la guerre que les trois puissances alliées déclarèrent à la France au mois de mai 1702, modifièrent leur pensée et leur conduite. La fortune s'était montrée défavorable aux armes de la France. Louis XIV, en reconnaissant, comme roi de la Grande-Bretagne, le fils de Jacques II, mort à Saint-Germain, quelques jours après la signature du traité de la *Grande Alliance*, avait enchaîné l'Angleterre à la cause de ses ennemis. L'Archiduc, second fils de l'Empereur Léopold I, prit, avec l'assentiment des alliés, le titre de Roi d'Espagne, sous le nom de Charles III. Après plusieurs années d'une

guerre dans laquelle la coalition continuait à être
victorieuse, Louis XIV, voyant sa propre monarchie
en péril, parut disposé à abandonner les droits de
son petit-fils au trône d'Espagne. C'est sur cette
base que s'ouvrirent les négociations entamées à la
Haye, en 1709, par le président de Rouillé et le
marquis de Torcy, et reprises à Gertruydenberg dans
le cours des deux années suivantes. On sait que
l'orgueil et les duretés des alliés enivrés de leurs
victoires, firent avorter ces négociations : ils exi-
geaint que Louis XIV tournât ses armes contre Philippe V et se chargeât de l'arracher de son trône. A
cette proposition, Louis XIV avait dit dans le conseil:
« S'il faut faire la guerre, j'aime mieux la faire à mes
« ennemis qu'à mes enfants. » La France entière se
montra animée des mêmes sentiments; de son côté,
le peuple espagnol, à la première nouvelle des négociations, avait fait éclater son inébranlable résolution de défendre à lui seul son nouveau roi contre
l'Europe, s'il devait être abandonné par la France.
La guerre continua.

L'Empereur Léopold était mort en 1705; son fils
aîné lui avait succédé sous le nom de Joseph I ; ce
prince mourut lui-même le 17 avril 1711. C'était à
l'Archiduc Charles, au compétiteur de Philippe V, à
lui succéder; il fut en effet élu Empereur le 12 octobre de la même année. Dès lors le danger que l'Angleterre avait voulu prévenir du côté de la France, se

représentait du côté de l'Empire. Sa politique, pour rester la même, devait changer de face. Elle n'avait pas voulu que la couronne d'Espagne pût être, dans l'avenir, unie sur une même tête à la couronne de France; elle devait, à bien plus forte raison, ne pas vouloir que dans le présent elle fût unie à la couronne impériale. Elle prit à son tour l'initiative des négociations. Au commencement de 1711, un Français, l'abbé Gaultier, fut envoyé secrètement par le ministère anglais de Londres à à Paris, chargé des premières ouvertures pour la paix [1]; M. Prior l'y suivit bientôt après, et la négociation se continua et se régularisa, sans la participation toutefois, et surtout à l'insu des alliés. La Providence avait, dans le même temps, recommencé à favoriser les armes de la France; mais, malgré ce changement, le succès des négociations aurait été impossible si Louis XIV, d'accord avec Philippe V, n'avait d'abord montré l'intention de donner des garanties et de prendre des engagements qui empêchassent la réunion des couronnes de France et d'Espagne. Ce point étant accordé, un double traité de préliminaires fut signé à Londres, entre les deux cours, le 8 octobre 1711. En vain les alliés qui avaient eu connaissance des négociations, employaient tous leurs efforts pour les faire rompre;

----

[1] Schœll. *Histoire des Traités.* Tome II, page 78.

l'Angleterre leur laissa voir qu'au besoin elle trai-
terait de la paix sans eux. Entraînés par elle, ils ne
purent plus refuser de se réunir en un congrès, pour
travailler à la pacification générale. Il s'ouvrit à
Utrecht, le 29 janvier 1712.

Nous ne ferons qu'une remarque sur l'histoire de
ce congrès. C'est que les alliés qui s'attendaient à la
reprise des négociations sur la base de celles de
Gertruydenberg, lesquelles enlevaient la couronne
d'Espagne à Philippe V, éprouvèrent la surprise et
le mécontentement le plus profond, et se livrèrent aux
plus vives récriminations, en recevant communica-
tion des nouvelles bases que la France proposait
d'un accord secret avec l'Angleterre et qui, finissant
par être adoptées, assurèrent cette même couronne
à ce même prince. L'Angleterre fut à Utrecht le grand
artisan de la pacification générale et de la reconnaissance des droits de la maison de Bourbon au trône
d'Espagne par le reste de l'Europe. C'est ce qu'il
importe de rappeler et de faire ressortir.

Le 3 juillet suivant, Philippe V ayant réuni ses
ministres à Madrid, les informa que des bases ve-
naient d'être fixées pour la paix générale, consistant
dans le maintien de l'intégralité de la monarchie,
la reconnaissance de sa dynastie, avec obligation de
sa part de renoncer à tous les droits qu'il pourrait
avoir à la couronne de France ; et le 8 du même
mois, il déclara par un décret rendu public « que la

crainte que les couronnes de France et d'Espagne fussent réunies sur une même tête, avait été un des principaux motifs de la guerre désastreuse d'où l'on sortait ; et que, pour empêcher cette réunion, on était convenu dans le congrès réuni alors à Utrecht, que lui, Philippe, en son propre nom et au nom de tous ses descendants, renoncerait dès à présent et pour toujours à la monarchie de France, ou à celle d'Espagne : de telle façon que, s'il restait en Espagne, aucun de ses descendants et successeurs ne pourrait recevoir la couronne de France, et que de même les princes et descendants de la maison de France ne pourraient jamais posséder le trône d'Espagne. Dans cette alternative (continuait le décret de Philippe V) je n'ai pas hésité un seul moment, car ma ferme résolution est de vivre et mourir avec mes chers et fidèles Espagnols. Mes intentions étant ainsi connues des puissances intéressées à la pacification, ont déjà mérité leur complète approbation. » Ainsi se termine le décret.

L'Angleterre ne balança plus ; et continuant à donner l'exemple à ses alliés, elle signa le 24 août avec la France une suspension d'armes qui fut prolongée jusqu'à la paix.

Le 5 novembre suivant, par-devant Don Manuel de Vadillo y Velasco, secrétaire d'État, premier notaire du royaume (*notario mayor de los Reinos*), et en présence d'un grand nombre de témoins choisis

parmi les plus hauts dignitaires ecclésiastiques, civils
et militaires de la monarchie, Philippe V octroya,
comme Roi d'Espagne et sous serment, un acte de
renonciation à la Couronne de France, pour lui et
tous ses descendants à perpétuité, en faveur du Duc
de Berry et des autres Princes de la Maison de France,
chacun selon son rang, avec clause d'incompatibi-
lité entre les deux couronnes, de façon qu'elles ne
puissent jamais se trouver réunies dans la même
personne, auxquelles fins le Duc de Savoie et tous
les Princes de sa maison sont appelés à succéderà a
couronne d'Espagne, au cas où la postérité de Philippe V demeurerait totalement éteinte. Le 7 du
même mois il fit dresser au Buen Retiro une
expédition authentique de cet acte, réitérant et con-
firmant sa renonciation, pour servir et valoir ce que
de droit et de raison aux parties intéressées. Le 9 du
même mois, dans une assemblée des Cortès, tenue
au Buen Retiro, le même acte fut lu et publié dans
les formes voulues, et il fut résolu d'un commun
accord, que la susdite renonciation du Roi était
approuvée et confirmée dans toute son étendue, et
que dorénavant les trois points suivants devenaient
loi fondamentale de la monarchie : 1" ladite renonciation; 2° l'exclusion perpétuelle de la Maison d'Autriche du trône d'Espagne; 3° l'appel de la Maison de
Savoye à la succession du royaume, à défaut de postérité de Philippe V. Le Roi ayant sanctionné cette

résolution des Cortès, ordonna par décret royal du 17 novembre, que le tout fût transmis au Conseil Suprême de Castille, pour qu'en conséquence il arrêtât immédiatement la formule et les dispositions de cette loi avec toutes les conditions de clarté et de validité nécessaires à son observation inviolable et perpétuelle. Tout ce qui précède est constaté par un certificat délivré par Don Francisco Antonio de Quincoces, du conseil du Roi, secrétaire de la chambre de Castille, notaire et greffier public, en date à Madrid, du 19 novembre 1712.

Les princes français firent également, sous serment, leur renonciation à la couronne d'Espagne, pour eux et leurs descendants ; celle du Duc d'Orléans eut lieu au Palais-Royal à Paris, le 19 novembre 1712, et celle du Duc de Berry à Marly, le 24 du même mois.

Enfin, par lettres patentes données à Versailles, au mois de mars 1713, enregistrées au Parlement de Paris le 15 du même mois, Louis XIV supprima celles du mois de décembre 1700, qui avaient conservé les droits de Philippe V à la couronne de France, et il admit et autorisa la renonciation de ce prince à cette couronne, ainsi que celles du Duc d'Orléans et du Duc de Berry à la couronne d'Espagne[1].

[1] Les termes de ces lettres patentes ne sauraient être trop connus. Dans un langage auquel sa vieillesse et ses malheurs im-

L'Angleterre avait fait de ces renonciations la condition *sine quâ non* de la paix. Louis XIV l'avait dé-

priment une sorte de tristesse majestueuse, et où le sentiment de
sa grandeur semble encore rehaussé par un noble aveu de ses
fautes et de ses revers, Louis XIV fait voir, sous la forme la plus
vive, tout ce que l'établissement de la Maison de Bourbon sur le
trône d'Espagne a coûté d'efforts et de sacrifices aux deux nations. Là se trouvent tracés, pour les Espagnols comme pour les
Français, les devoirs que le passé leur impose dans le présent.
C'est à eux de voir s'ils veulent laisser effacer cette glorieuse
page de leur histoire, et perdre les avantages que, dans la communauté de leur dévouement, leurs pères ont si chèrement
achetés pour l'Espagne et pour la France. Voici les paroles de
Louis XIV.

« **Dans les différentes révolutions d'une guerre où nous n'a-**
« vons combattu que pour soutenir la justice des droits du Roi
« notre très-cher et très-amé frère et petit-fils sur la monarchie
« d'Espagne, nous n'avons jamais cessé de désirer la paix. Les
« succès les plus heureux ne nous ont point éblouis, et les évé-
« nements contraires dont la main de Dieu s'est servie pour nous
« éprouver plutôt que pour nous perdre, ont trouvé ce désir en
« nous et ne l'y ont point fait naître ; mais les temps marqués
« par la Providence divine pour le repos de l'Europe n'étaient
« pas encore arrivés : la crainte éloignée de voir un jour notre
« couronne et celle d'Espagne portée par un même prince, fai-
« sait toujours une égale impression sur les puissances qui s'é-
« taient réunies contre nous ; et cette crainte, qui avait été la
« principale cause de la guerre, semblait mettre aussi un obstacle
« insurmontable à la paix. Enfin, après plusieurs négociations
« inutiles, Dieu, touché des maux et des gémissements de tant de
« peuples, a daigné ouvrir un chemin plus sûr pour parvenir à
« une paix si difficile ; mais les mêmes alarmes subsistant toujours,
« la première et principale condition qui nous a été proposée
« par notre très-chère et très amée sœur la Reine de la Grande-

claré dans ses lettres patentes. Ayant obtenu ces renonciations, elle déclara elle-même par l'article 6

« Bretagne, comme le fondement essentiel et nécessaire des trai-
« tés, a été que le Roi d'Espagne, notre dit frère et petit-fils, con-
« servant la monarchie d'Espagne et des Indes, renonçât, pour
« lui et ses descendants à perpétuité, aux droits que sa naissance
« pouvait jamais donner à lui et à eux sur notre couronne ; que
« réciproquement notre très-cher et très-amé petit-fils le Duc de
« Berry, et notre très-cher et amé neveu le Duc d'Orléans, re-
« nonçassent aussi, pour eux et pour leurs descendants mâles et
« femelles, à perpétuité, à leurs droits sur la monarchie d'Es-
« pagne et des Indes. Notredite sœur nous a fait représenter que,
« sans une assurance formelle et positive sur ce point, qui seul
« pouvait être le lien de la paix, l'Europe ne serait jamais en re-
« pos, toutes les puissances qui la partagent étant également per-
« suadées qu'il était de leur intérêt général et de leur sûreté com-
« mune de soutenir une guerre dont personne ne pouvait prévoir
« un jour la fin, plutôt que d'être exposées à voir le même prince
« devenir le maître de deux monarchies aussi puissantes que celles
« de France et d'Espagne. Mais comme cette princesse, dont
« nous ne pouvons assez louer le zèle infatigable pour le rétablis-
« sement de la tranquillité générale, sentit toute la répugnance
« que nous avions à consentir qu'un de nos enfants, si digne de
« recueillir la succession de nos pères, en fût nécessairement
« exclu, si les malheurs dont il a plu à Dieu de nous affliger dans
« notre famille, nous enlevaient encore, dans la personne du Dau-
« phin notre très-cher et très-amé arrière-petit-fils, le seul resta
« des princes que le royaume a si justement pleurés avec nous,
« elle entra dans notre peine, et, après avoir cherché, de con-
« cert, des moyens plus doux pour assurer la paix, nous convînmes
« avec notredite sœur, de proposer au Roi d'Espagne d'autres États
« inférieurs à la vérité à ceux qu'il possède, mais dont la consi-
« dération s'accroîtrait d'autant plus sous son règne que, conser-
« vant ses droits en ce cas, il unirait à notre couronne une par-
« tie de ces mêmes États, s'il parvenait un jour à notre succes-

du traité conclu à Utrecht le 11 avril 1713, que le
grand, le véritable motif de son hostilité avait
cessé. Cet article est ainsi conçu :

« D'autant que la guerre que la présente paix doit

« sion (*). Nous employâmes donc les raisons les plus fortes pour
« lui persuader d'accepter cette alternative; nous lui fîmes con-
« naître que le devoir de sa naissance était le premier qu'il dût
« consulter; qu'il se devait à sa maison et à sa patrie avant d'être
« redevable à l'Espagne ; que, s'il manquait à ses premiers engage-
« ments, il regretterait peut-être un jour inutilement d'avoir aban-
« donné des droits qu'il ne serait plus en état de soutenir. Nous ajou-
« tâmes à ces raisons les motifs personnels d'amitié et de tendresse
« que nous crûmes capables de le toucher, le plaisir que nous au-
« rions de le voir de temps en temps auprès de nous, et de passer
« avec lui une partie de nos jours, comme nous pouvions nous
« le promettre du voisinage des États qu'on lui offrait, la satis-
« faction de l'instruire nous-mêmes de l'état de nos affaires, et de
« nous reposer sur lui pour l'avenir, en sorte que si Dieu nous
« conservait le Dauphin, nous pourrions donner à notre royaume,.
« en la personne du Roi notre frère et petit-fils, un régent instruit
« dans l'art de régner, et que si cet enfant si précieux à nous et à
« nos sujets nous était encore enlevé, nous aurions au moins la
« consolation de laisser à nos peuples un roi vertueux, propre à

(*) « L'Angleterre ajouta à la demande de la renonciation une propo-
« sition alternative en faveur de Philippe V, en laissant à son choix ou
« de renoncer à la couronne de France en conservant la monarchie d'Es-
« pagne et l'Amérique, ou de se contenter du royaume des Deux-Si-
« ciles, des États du duc de Savoie, et des duchés de Montferrat et de
« Mantoue, en renonçant à l'Espagne et à l'Amérique. En ce dernier
« cas, l'Espagne et l'Amérique devaient passer au duc de Savoie. Il de-
« vait être permis à Philippe V, en cas qu'il préférât les États d'Italie,
« de les réunir un jour à la couronne de France, à l'exception du
« royaume de Sicile, qui passerait à la maison d'Autriche. »
(SCHOELL. *Histoire des Traités.* tome II, page 96.)

« éteindre a été allumée principalement, parce que
« la sûreté et la liberté de l'Europe ne pouvaient

« les gouverner, et qui réunirait encore à notre couronne des
« États très-considérables. Nos instances réitérées avec toute la
« force et toute la tendresse nécessaires pour persuader un fils qui
« mérite si justement les efforts que nous avons faits pour le con-
« server à la France, n'ont produit que des refus réitérés de sa
« part, d'abandonner jamais des sujets braves et fidèles, dont le zèle
« pour lui s'était distingué dans les conjonctures où son trône avait
« paru le plus ébranlé; en sorte que, persistant avec une fermeté
« invincible dans sa première résolution, soutenant même qu'elle
« était plus glorieuse et plus avantageuse à notre maison et à no-
« tre royaume, que celle que nous le pressions de prendre, il a
« déclaré dans l'assemblée des États du royaume d'Espagne, con-
« voquée pour cet effet à Madrid, que, pour parvenir à la paix
« générale et assurer la tranquillité de l'Europe par l'équilibre
« des puissances, il renonçait, de son propre mouvement, de sa
« volonté libre, et sans aucune contrainte, pour lui, pour ses hé-
« ritiers et successeurs, pour toujours et à jamais, à toutes pré-
« tentions, droits et titres, que lui ou aucun de ses descendants
« aient dès à présent ou puissent avoir en quelque temps que ce
« soit à l'avenir, à la succession de notre couronne; qu'il s'en te-
« nait pour exclu, lui et ses enfants, héritiers et descendants à per-
« pétuité; qu'il consentait, pour lui et pour eux, que, dès à pré-
« sent comme alors, son droit et celui de ses descendants passât
« et fût transféré à celui des princes que la loi de succession et
« l'ordre de naissance appelle ou appellera à hériter de notre cou-
« ronne, au défaut de notredit frère et petit-fils le Roi d'Espagne
« et de ses descendants, ainsi qu'il est plus amplement spécifié
« par l'acte de renonciation admis par les États de son royaume;
« et en conséquence il a déclaré qu'il se désistait spécialement du
« droit qui a pu être ajouté à celui de sa naissance par nos lettres
« patentes du mois de décembre 1700, par lesquelles nous avons
« déclaré que notre volonté était que le roi d'Espagne et ses des-
« cendants conservassent toujours les droits de leur naissance ou

« pas absolument souffrir que les couronnes de
« France et d'Espagne fussent réunies sous une
« même tête, et que sur les instances de Sa Majesté
« Britannique et du consentement tant de Sa Majesté
« T.-C. que de Sa Majesté Catholique , on est
« enfin parvenu par un effet de la Providence di-
« vine, à prévenir ce mal pour tous les temps à venir,
« moyennant des renonciations conçues dans la

« de leur origine , de la même manière que s'ils faisaient leur
« résidence actuelle dans notre royaume, et de l'enregistrement
« qui a été fait de nosdites lettres patentes , tant dans notre Cour
« de parlement que dans notre Chambre des comptes à Paris.
« Nous sentons, comme roi et comme père, combien il eût été à
« désirer que la paix générale eût pu se conclure sans une renon-
« ciation qui fasse un si grand changement dans notre maison
« royale et dans l'ordre ancien de succéder à notre couronne ;
« mais nous sentons encore plus combien il est de notre devoir
« d'assurer promptement à nos sujets une paix qui leur est si né-
« cessaire. Nous n'oublierons jamais les efforts qu'ils ont faits
« pour nous dans la longue durée d'une guerre que nous n'au-
« rions pu soutenir, si leur zèle n'avait eu encore plus d'étendue
« que leurs forces. Le salut d'un peuple si fidèle est pour nous
« une loi suprême qui doit l'emporter sur toute autre considéra-
« tion. C'est à cette loi que nous sacrifions aujourd'hui le droit
« d'un petit-fils qui nous est si cher; et, par le prix que la paix
« générale coûtera à notre tendresse , nous aurons au moins la
« consolation de témoigner à nos sujets, qu'aux dépens de notre
« sang même, ils tiendront toujours le premier rang dans notre
« cœur. Pour ces causes, etc. »

Suivent l'ordonnance d'enregistrement des renonciations du Roi
d'Espagne, du Duc de Berry et du Duc d'Orléans, et l'acte
d'annulation des lettres patentes du mois de décembre 1700.

« meilleure forme, et faites en la manière la plus
« solennelle dont la teneur suit ci-après. »

(Suivent ici les actes [1] concernant les renonciations
réciproques du Roi Philippe V, d'une part, et du
Duc de Berry et du Duc d'Orléans, d'autre part, etc.)

« Etant suffisamment pourvu par la renoncia-
« tion ci-relative, laquelle doit être éternellement
« une loi inviolable et toujours observée à ce que
« le Roi Catholique ni aucun Prince de sa postérité
« puisse jamais aspirer ni parvenir à la couronne de
« France; et d'un autre côté les renonciations réci-
« proques à la couronne d'Espagne faites par la
« France, ainsi que les autres actes qui établissent
« la succession héréditaire à la couronne de France,
« lesquelles tendent à la même fin, ayant aussi suf-
« fisamment pourvu à ce que les couronnes de

[1] Il y en a six, savoir : 1° La renonciation du Roi Philippe V,
faite à Madrid le 5 novembre 1712, réitérée et confirmée au
Buen Retiro, le 7 du même mois. 2° Le certificat de Don
Francisco Antonio de Quincoces, notaire public, constatant les
consentement, approbation et confirmation donnés par les États
de Castille (*Las Cortes*), à ladite renonciation, daté à Madrid,
le 19 novembre 1712. 3° La renonciation du Duc de Berry, à la
couronne d'Espagne. 4° Celle du duc d'Orléans. 5° Les lettres patentes de Louis XIV, du mois de décembre 1700, pour conserver
au Duc d'Anjou son petit-fils (Philippe V) le droit de succéder
à la couronne de France. 6° Les autres lettres patentes de
Louis XIV du mois de mars 1713, supprimant les précédentes, et
admettant et autorisant les susdites renonciations.

« France et d'Espagne demeurent séparées et désu-
« nies ; de manière que les susdites renonciations
« et les autres transactions qui les regardent, subsis-
« tant dans leur vigueur et étant observées de bonne
« foi, ces couronnes ne pourront jamais être réu-
« nies. Ainsi le Sérénissime Roi T.-C. et la Sérénis-
« sime Reine de la Grande-Bretagne s'engagent so-
« lennellement, et par parole de roi, l'un à l'autre,
« qu'eux ni leurs héritiers et successeurs ne feront
« jamais rien, ni ne permettront que jamais il soit
« rien fait capable d'empêcher les renonciations et
« autres transactions susdites d'avoir leur plein et
« entier effet ; au contraire, leurs Majestés Royales
« prendront un soin sincère et feront leurs efforts,
« afin que rien ne donne atteinte à ce fondement du
« salut public, ni ne puisse l'ébranler : En outre,
« S. M. T. C. demeure d'accord et s'engage que son
« intention n'est pas de tâcher d'obtenir, ni même
« d'accepter à l'avenir que, pour l'utilité de ses su-
« jets, il soit rien changé ni innové dans l'Espagne
« ni l'Amérique espagnole, tant en matière de com-
« merce qu'en matière de navigation, aux usages
« pratiqués en ces pays sous le règne du feu roi
« d'Espagne Charles II, non plus que de procurer
« à ses sujets dans les susdits pays, aucun avantage
« qui ne soit pas accordé de même dans toute son
« étendue aux autres peuples et nations, lesquelles
« y négocient. »

Ainsi, il est victorieusement démontré par tous les monuments de l'histoire, que ce ne fut point le choix d'un prince français pour succéder à Charles II, qui fit prendre les armes aux puissances de l'Europe et particulièrement à l'Angleterre. Elles ne furent déterminées à la guerre que par la crainte de voir leur sûreté mise en péril par la réunion des deux monarchies de France et d'Espagne. Une fois cette crainte dissipée par les renonciations de Philippe V et des princes français, leur hostilité cessa.

Le droit de la Maison de Bourbon à se perpétuer à l'exclusion de toute autre sur le trône d'Espagne, est donc au-dessus de toute contestation. Il résulte, non-seulement d'une possession plus que centenaire, mais de la lettre et de l'esprit des traités. Et aucune puissance ne saurait être fondée à s'opposer à ce que cette maison, pour assurer sa perpétuité, contracte dans son propre sein telle alliance qui lui conviendra.

Supposerons-nous à l'Angleterre la prétention de faire interpréter les renonciations des princes français et de Philippe V dans un sens tel, qu'un descendant d'une des deux branches ne pourrait jamais être appelé, même par suite d'un mariage, à partager le trône appartenant à l'autre branche? Mais cette prétention ne serait pas soutenable; elle serait contraire à la lettre et à l'esprit de ces renonciations. Il n'y a pas moyen de leur trouver une autre signification, sinon que les princes français ou espagnols perdent à tout jamais leurs droits de succession à la couronne d'Espagne ou de France. Or, il ne s'agirait nullement aujourd'hui pour le prince français qui serait appelé à s'unir à la Reine Isabelle, de faire valoir un droit à la couronne d'Espagne. Personne ne reconnaît à ces princes un droit de cette nature; mais aussi le bon sens et l'équité ne sauraient souffrir qu'on leur dénie une faculté qui appartiendrait, selon l'Angleterre, à toutes les autres familles régnantes en Europe, la leur étant seule exceptée. Dans ce système, l'Angleterre aurait la faculté d'unir un des princes de sa maison régnante à la Reine Isabelle; la même faculté appartiendrait à toutes les maisons princières de l'Europe; la France seule en serait privée, la France la plus proche voisine de l'Espagne, son ancienne amie et son alliée naturelle! Il est impossible qu'on prétende faire à la France cette condition qui la placerait politiquement au-dessous des états du dernier rang, il est impossible que la France consente à sa propre ignominie en l'acceptant.

Toute protestation contre le choix que la Reine Isabelle et les Cortès feraient d'un fils du roi des Français, serait donc sans justice ni raison. Les anciennes renonciations des deux branches de la Maison de Bourbon, aussi bien que les circonstances particulières aux deux pays, empêchent qu'il puisse jamais être question de la réunion des deux sceptres de France et d'Espagne dans une même main. Mais s'il restait à cet égard le moindre doute, la moindre défiance dans l'esprit des autres puissances, les garanties données au temps du congrès d'Utrecht pourraient être renouvelées par les engagements les plus formels. Sur ce point, il est impossible qu'il s'élève la moindre difficulté, tant de la part de l'Espagne que de celle de la France.

Ce ne serait que par l'effet d'une erreur ou d'un caprice qu'il pourrait y avoir opposition de la part d'une puissance étrangère, au mariage de la Reine d'Espagne et d'un prince français ; mais la notion des droits et des devoirs réciproques des états européens en se répandant de plus en plus, et la publicité qui éclaire aujourd'hui leurs rapports, rendent impossible un caprice ou une erreur pareille. L'Espagne et la France restent donc complétement libres de resserrer plus étroitement leurs liaisons par une alliance dynastique.

On peut dire en outre que les alliances dynastiques ne sauraient plus avoir aujourd'hui pour l'équilibre européen la portée qu'elles ont eue autrefois. Où la volonté des princes n'est plus absolue, leurs intérêts de famille ne peuvent plus être la règle de ceux des peuples qui leur sont confiés. Et d'ailleurs, au temps même de Philippe V, ne viton pas ce prince né français se montrer assez espagnol pour faire la guerre à la France et à son neveu le Roi Louis XV? Nous ne prétendons pas cependant que ces alliances soient sans avantages pour les parties contractantes. La France et l'Espagne en auraient sans doute à recueillir de celle dont nous nous occupons. C'est pour cela que nous l'appelons de tous nos vœux. Ces avantages, nous les avons indiqués. L'Espagne, régie par la même famille qui règne à Paris, n'a plus à craindre qu'un intérêt dynastique ennemi vienne, comme en 1808, attenter à son indépendance par la plus odieuse agression. La France est assurée que des influences anti-françaises ne prévaudront pas exclusivement à Madrid, que les Pyrénées ne s'ouvriront pas, comme en 1814, pour donner passage à une armée anglaise. Les avantages que se propose la France sont en quelque sorte purement négatifs; elle veut que l'intérêt espagnol domine seul en Espagne. Mais cela est pour la France plus qu'un intérêt, c'est un besoin impérieux, une nécessité.

S'il est une influence qu'elle espère exercer au delà des Pyrénées, elle peut hautement l'avouer. Elle veut y influer par les exemples de la liberté et du calme prospère dont elle jouit sous un régime constitutionnel sainement entendu et loyalement pratiqué. La France appelle l'Espagne à consolider comme elle ses institutions, à développer l'industrie dans son sein, à organiser son administration, à se créer un crédit, à relever sa marine autrefois si glorieuse, en un mot à assurer son indépendance et à reprendre dans le monde son rang de grande puissance.

Pour la seconder dans l'accomplissement de ces progrès, quel prince serait plus digne d'être associé au pouvoir de sa souveraine, qu'un fils de ce Roi des Français qui, tout en conservant par son courage et par l'intelligence de son temps la liberté à la France, a conservé en même temps la paix à l'Europe? Renommé par la supériorité de sa raison et de ses lumières, le Roi Louis-Philippe ne l'est pas moins par la supériorité de l'éducation qu'en père et en souverain prévoyant, il a donnée à ses fils. Élevés en contact avec les citoyens, ils ont appris de bonne heure à connaître les besoins des peuples en sympathisant avec eux, et par leur instruction et leur travail, ils sont remontés en quelque sorte une seconde fois au rang dans lequel ils étaient nés. Appelés par leur naissance au commandement des armées, ils n'ont voulu l'exercer qu'après l'avoir mérité aux yeux de tous, en partageant les dangers et les fatigues du soldat. C'est parmi de tels princes que la noble nation espagnole peut espérer de trouver le guide qui ramènera la concorde dans son sein, qui, étranger à toutes les erreurs du passé, pourra sans inspirer la défiance à aucun parti les rapprocher et les confondre en une seule famille, et cicatriser enfin les plaies de la patrie commune. L'Europe entière y est elle-même intéressée : c'est le Roi Louis-Philippe qui l'a préservée des bouleversements auxquels l'eût livrée le triomphe des partis qui agitaient la France; ce serait aussi le choix d'un des fils de ce prince pour partager le trône d'Espagne qui la garantirait le plus sûrement contre les troubles dont l'état de ce royaume menace l'ordre européen.

Pour ce qui est de l'intérêt réciproque de l'Espagne et de la France, pourrait-il être moins bien compris par les deux nations, aujourd'hui qu'au temps de Louis XIV? L'Espagne prendrait-elle ombrage de voir un prince français appelé à partager le trône de sa souveraine? renoncerait-elle aux traditions de cet instinct patriotique qui lui faisait accueillir Philippe V avec tant d'enthousiasme et qui la rendait victorieuse à Villaviciosa et à Almansa? La paix, qui termina cette lutte glorieuse, lui coûta ses possessions en Italie, la Sicile, la Sardaigne et les Pays-Bas; elle laissa Gibraltar entre les mains des Anglais. La France, de son côté, abandonnait l'Acadie et Terre-Neuve, l'île de Saint-Christophe et la baie d'Hudson à l'Angleterre; elle renonçait aux aggrandissements de territoire que les dernières propositions de cette puissance lui promettaient pour l'avenir. Tous ces sacrifices, qui forment autant de droits à l'Espagne et à la France pour rester unies sous des rois d'origine commune, seraient-ils perdus, abandonnés par elles? Iraient-elles, après plus d'un siècle, donner raison à leurs ennemis de la guerre de la Succession, démentir toute leur politique nationale pour s'exposer à voir leurs intérêts se diviser et se convertir en hostilités, sous l'influence de princes d'origine différente?

La France ne prétend pas dicter un choix à l'Espagne. Elle attend; et elle ne sortirait de son expectative que le jour où l'on voudrait imposer à la Reine Isabelle un autre époux qu'un prince de la Maison de Bourbon. La France a donné assez de gages de sa modération à l'Europe et de son respect pour l'indépendance de l'Espagne, pour n'avoir pas à craindre d'être accusée d'ambition en s'opposant à un semblable mariage. Elle manquerait à ses obligations envers elle-même et envers l'Espagne, en y donnant un consentement qui préparerait pour les relations des deux peuples le renouvellement de ces complications funestes dont l'histoire offre tant d'exemples avant l'avénement de Philippe V.

Quant à l'Espagne, ce serait faire injure à cette loyauté monarchique, dont tout récemment encore elle donnait des preuves si glorieuses en combattant pour la cause de sa jeune souveraine, que de croire qu'elle puisse laisser des influences étrangères sub-

stituer sur le trône, au moyen d'une alliance matrimoniale, une famile nouvelle à l'antique famille de
ses rois. Séparée violemment de son auguste mére,
privée de cet appui tutelaire que la nature et les lois
devaient lui assurer jusqu'au moment de monter
sur le trône, la Reine Isabelle trouvera une protection et une sauve-garde pour sa personne et les droits
de sa maison dans la vigilance et le dévouement du
peuple espagnol.

FIN.